BEI GRIN MACHT SICH IHR WISSEN BEZAHLT

AF167057

- Wir veröffentlichen Ihre Hausarbeit, Bachelor- und Masterarbeit

- Ihr eigenes eBook und Buch - weltweit in allen wichtigen Shops

- Verdienen Sie an jedem Verkauf

Jetzt bei www.GRIN.com hochladen und kostenlos publizieren

Erstellung eines Marketingkonzepts für eine neue Nagellackserie. Essie business summer

Corinne Reiser

Bibliografische Information der Deutschen Nationalbibliothek:

Die Deutsche Nationalbibliothek verzeichnet diese Publikation in der Deutschen Nationalbibliografie; detaillierte bibliografische Daten sind im Internet über http://dnb.d-nb.de abrufbar.

ISBN: 9783346303684
Dieses Buch ist auch als E-Book erhältlich.

Druck und Bindung: Books on Demand GmbH, Norderstedt Germany
Gedruckt auf säurefreiem Papier aus verantwortungsvollen Quellen

Das vorliegende Werk wurde sorgfältig erarbeitet. Dennoch übernehmen Autoren und Verlag für die Richtigkeit von Angaben, Hinweisen, Links und Ratschlägen sowie eventuelle Druckfehler keine Haftung.

Das Buch bei GRIN: https://www.grin.com/document/948295

FFH-Studiengang „Betriebswirtschaft & Wirtschaftspsychologie"

Titel der Lehrveranstaltung: Fallstudien/Praxisprojekte zu Marketing & Konsum

Semester/Jahr: 4/2014

Einsendedatum: 16.04.2014

Titel der Einsendeaufgabe:

Marketingkonzept für „essie business summer"

Gruppenarbeit:
Corinne Reiser

Inhaltsverzeichnis

Executive Summary

Welche Frau kennt das Problem nicht – gerade erst die Fingernägel lackiert und schon hat man sich an der Farbe sattgesehen. Heutzutage ist Zeit mitunter eines der wichtigsten Güter, über das die Menschen verfügen. Und wer verschwendet seine Zeit schon gerne mit mühsamen Tätigkeiten wie Fingernägel lackieren?

Auf ein gepflegtes Äußeres und einen trendigen Look möchte die mode- und schönheitsbewusste Frau von heute dennoch nicht verzichten. Es gibt bereits diverse Arten und Farben von Nagellacken, jedoch keinen, der seinen Benutzerinnen in einem Zug gleich drei Geschenke macht: Zeit, Freude und Abwechslung.

essie® business summer verbindet den alltäglichen Business-Look in einem dunklen Weinrot mit einem sommerlich, frischen Korall-Farbton, der ideal mit lauen Sommerabenden und angesagten Freizeit-Looks kombinierbar ist. Wie das funktioniert? Die Kundinnen erhalten zusätzlich zu ihrem Lackfläschchen ein Spray, den sie nach Feierabend ganz bequem auf ihre lackierten Fingernägel aufsprühen können und schon verwandelt sich das businesstaugliche Weinrot in ein lässiges, koralliges Orange.

essie® ist eine Marke, die bei den angesprochenen Kundinnen bereits bekannt ist und über ein sehr gutes Image verfügt. Im Sommer 2014 (von Mai bis August) soll **essie® business summer** zunächst als limited edition verfügbar sein und dem Unternehmen während der Zeit des Angebots eine Umsatzsteigerung von 3% bringen.

1. Einleitung

1.1 Ausgangslage

Der Sommer 2014 steht vor der Tür, die ersten Sonnenstrahlen lösen Frühlingsgefühle aus und helle, freundliche Farben stehen in der Mode wieder voll im Trend.

Häufig haben berufstätige, erfolgreiche Frauen das Problem, dass sie sich im Job nicht so farbenfreudig kleiden und stylen können, wie sie es gerne möchten. Hier werden oft Business-Kleidung und ein dezentes Styling von den Unternehmen erwartet.

Da die Arbeitstage aber häufig bis in den Abend hinein reichen, bleibt meist keine Zeit mehr, das Outfit für abendliche Freizeitaktivitäten zu wechseln. **essie® business summer** überzeugt durch seine Wandelbarkeit und gestaltet den strengen Business-Look in den Abendstunden in einen Sommernachtstraum um.

Die oben genannten Erkenntnisse waren die Grundlage der Überlegung für die Weiterentwicklung des aktuellen Nagellack-Marktes.

2. Analyse

2.1 Unternehmensdarstellung

Im Jahr 1981 stellte die Unternehmensgründerin Essie Weingarten in Las Vegas die ersten 12 Nagellacke vor.[1] essie® verfügt inzwischen bereits über eine Produktpalette von ca. 250 verschiedenen Nagellacken, wovon in Deutschland im Handel derzeit 70 Farben erhältlich sind, und steht mit seiner Marke für unschlagbare, professionelle Qualität zu einem bezahlbaren Preis.[2] Im Jahr 2010 wurde die Trendmarke vom L'ORÉAL-Konzern aufgekauft. Der Umsatz im Vorjahr lag bei 28 Mio. US-Dollar. L'ORÉAL hatte hierbei die Absicht, seinen Absatz im Nagellack- und –pflegemarkt weiter auszubauen. [3] In den letzten 25 Jahren hat essie® den internationalen Vertrieb seiner Produkte auf über 95 Länder ausgedehnt. Durch die hohe Qualität, ein gutes Gespür der Unternehmensgründerin Essie Weingarten und zahlreiche Auszeichnungen sind heutzutage auch Hollywood-Berühmtheiten Kundinnen des Unternehmens.[4]

2.2 Mikroumfeldanalyse

Markt (potenzielle KundInnen)

essie® business summer richtet sich an trendbewusste Frauen zwischen 18 und 35, die viel Wert auf ihr Aussehen und Selbstverwirklichung durch das äußere Erscheinungsbild legen. Im Speziellen sollen Business-Frauen angesprochen werden, die wenig Zeit zur Verfügung haben, aber dennoch nicht auf den perfekten Look in jeder Situation verzichten möchten.

essie® hat für alle Nagellacke einen einheitlichen Preis von aktuell 7,95 Euro pro Fläschchen (13,5ml)[5], was bei den Kundinnen zum Einen ein gewisses Einkommen, als

---

[1] http://www.essie.de/essie/story , Stand vom 23.03.2014, 19:25 Uhr

[2] http://www.loreal.com/brands/consumer-products-division/essie.aspx , Stand vom 23.03.2014, 09:47 Uhr

[3] http://www.loreal.com/press-releases/loreal-usa-signs-agreement-to-acquire-essie-cosmetics.aspx, Stand vom 23.03.2014 19:36 Uhr

[4] http://www.freshnails.de/essie/ , Stand vom 23.03.2014 19:47 Uhr

[5] http://www.douglas.de/douglas/essie/index_b1239.html , Stand vom 23.03.2014 20:20 Uhr

auch die Bereitschaft, etwas mehr für ein hochwertiges Kosmetikprodukt auszugeben, voraussetzt.

Auch prominente Kundinnen sollen von der Innovation **essie® business summer** begeistert werden.

MitbewerberInnen

Im Bereich der Nagelkosmetik herrscht ein harter Konkurrenzkampf. Es gibt unzählige AnbieterInnen, die neben regulären Kosmetikserien auch Nagellacke in ihrem Sortiment führen. essie® führt unter dem Namen des Unternehmens ausschließlich Nagellacke und ist so auch unter Anderem bei den KonsumentInnen bekannt geworden.

In den bekannten Drogerien wie Rossmann, dm und Müller sind die wohl größten KonkurrentInnen, die sich in einem ähnlichen Preissegment (4,99 Euro bis 8,95 Euro) bewegen die Folgenden:

Alle unten aufgeführten Abbildungen wurden aus urheberrechtlichen von der Redaktion Gründen entfernt

Im Niedrigpreissegment (1,55 Euro bis 3,95 Euro) sind auch einige HerstellerInnen angesiedelt, die für essie® ernstzunehmende Konkurrenz darstellen:

Gerade für jüngere Kundinnen, die über ein begrenztes finanzielles Budget verfügen, sind essence, p2 und Rival de Loop Marken, zu denen häufig gegriffen wird.

Die Konkurrenz im ähnlichen Preissegment verfügt ähnlich wie essie® über ein breit gefächertes Sortiment an Nagellack-Farben, **essie® business summer** füllt jedoch eine Marktlücke, die so bisher kein anderes Unternehmen erschlossen hat.

essie® ist also eine Marke, zu der größtenteils nur Liebhaberinnen und Kennerinnen der Produkte greifen.

LieferantInnen

Die LieferantInnen spielen im Marketing eine große Rolle. Funktioniert die Liefer-Kette nicht einwandfrei, muss mit Umsatzeinbrüchen oder Unzufriedenheit der KundInnen gerechnet werden. L'ORÉAL und somit auch essie® legen bei der Wahl der LieferantInnen großen Wert auf ethische Werte, sowie Qualität und arbeiten mit verschiedensten HändlerInnen weltweit, um für die KundInnen nur die besten Rohstoffe zu bekommen und dementsprechend hochqualitative Produkte anbieten zu können.[6]

DistributionspartnerInnen

essie® unterscheidet seit der Übernahme durch L'ORÉAL bei seinen Distributionskanälen das Vertriebsgeschäft für professionelle Anwendung und den Vertrieb für die eigenständige Anwendung zuhause. In Deutschland werden Nagel- und Kosmetikstudios von MAHA Cosmetics mit essie®-Produkten versorgt. Für die professionelle Anwendung, also über den Großhandel, sind mehr als doppelt so viele Farbnuancen und zusätzliche saisonale Farbkollektionen erhältlich und KundInnen erhalten exklusive Pflege- und Spezialprodukte in Verbindung mit der Dienstleistung des Nägel-Lackierens.

Auch unterscheiden sich die Lacke in ihrer Anwendung durch z.B. eine andere Konsistenz und einen anderen Pinsel zum professionellen Auftragen, sowie in der Qualität (längerer Halt) und im Preis.[7] Da L'ORÉAL seine Kosmetikprodukte auch über den Einzelhandel vertreibt, ist essie® inzwischen auch in den Drogeriemärkten wie dm und Müller erhältlich. Essentiell ist es aber, dass es nach wie vor zwei verschiedene Produktfamilien gibt. Zum Einen die zum professionellen Einsatz, zum Anderen die Do-it-yourself-Variante.[8] Auch von **essie® business summer** wird es zwei Varianten geben, um einen breiteren KundInnenkreis zu erreichen.

---

[6] http://www.loreal.de/_de/_de/html/unser-unternehmen/unsere-lieferanten.aspx , Stand vom 24.03.2014, 17:37 Uhr

[7] http://www.friseur.com/essie-fuer-die-professionelle-anwendung.html , Stand vom 24.03.2014, 17:16 Uhr

[8] http://www.maha-cosmetics.com/blog/category/nagellack/essie-nagellack/page/9

2.2 Makroumfeldanalyse

Alle Unternehmen agieren in einem größeren gesamtwirtschaftlichen Zusammenhang, wodurch sich einerseits Chancen bieten, andererseits aber auch Bedrohungen entstehen können[9]. Die einflussreichsten Kräfte im Makroumfeld von essie® sind kulturelles Umfeld, Wettbewerbs,- Wirtschaftsentwicklung und Gesetzgebung.

Kulturelles Umfeld

Kulturelle Veränderungen prägen die moderne Gesellschaft. Es werden ständig neue Trends gesetzt, welche das Verhalten der KonsumentInnen stark beeinflussen.[10] Die großen ModemacherInnen bestimmen saisonmäßig die neuen Trendfarben und nehmen so Einfluss auf die Produktentwicklung im Mode- und Beautysegment. Wenn kommende Trends in Richtung „Natur pur" tendieren, könnte die Gefahr bestehen, dass das farbenfrohe Sortiment neu ausgelegt bzw. neue Sparten eingeführt werden müssen (nicht nur Lacke sondern z.B. auch Nagelöle und Pflegeprodukte).

Wettbewerb

Die WettbewerberInnen von essie® sind in fast allen Segmenten positioniert. Mit der Innovation **essie® business summer** schreitet das Unternehmen jedoch als Erstes in eine neue Nagellackdimension vor. Durch die Schnelllebigkeit und Transparenz am Markt könnten sich jedoch bald NachahmerInnen dieser Neuerung finden. Auch die Eventualität der Produktion in Niedriglohnländern bildet eine ernste Gefahr, da auch qualitativ gleichwertige KonkurrentInnen die gehobenen Preisklasse von essie® so unterbieten könnten.

Wirtschaftsentwicklung und Gesetzgebung

Durch wirtschaftliche Einbrüche sinkt die Nachfrage nach Produkten, die für das alltägliche Leben keine unbedingte essentielle Bedeutung haben.[11] Da essie® sich im gehobenen Preismilieu bewegt, muss die Entwicklung der Wirtschaft genauestens beobachtet werden. Auch politische Entscheidungen beeinflussen Marketingentwicklungen und sind maßgeblich für die Regulierung des Marktes zuständig. Da Nagellacke auf chemischer Grundlage basieren, können Änderung und/oder Verbote in dieser Richtung zu gravierenden Anpassungsmaßnahmen führen.

---

[9] Vgl. Kotler/Armstrong/Wong/Saunders, 2011, S. 224
[10] Vgl. Kotler/Armstrong/Wong/Saunders, 2011, S. 234
[11] Vgl. Kotler/Armstrong/Wong/Saunders, 2011, S. 248

2.3. SWOT-Analyse

Aufbauend auf den Ergebnissen der Makro- bzw. Umfeldanalyse wird bei der SWOT-Analyse ein Chancen-Risiken-Katalog zusammengestellt und dem Stärken-Schwächen-Profil gegenübergestellt. Die Überschneidungen werden dann in der SWOT-Matrix dargestellt[12].

Umweltfaktoren

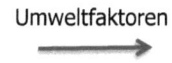

Unternehmensfaktoren

	Opportunities *(Chancen)* 1. Imagegewinn 2. Zunahme von Marktanteil	**Threats** *(Risiken)* 1. Neue Konkurrenz 2. Gesetzliche Änderungen
Strenghts *(Stärken)* 1. Starke Marktposition 2. Funktionierendes System (Partner,...)	**SO-Strategien** • Ausbaufähige Stärken in Chancen umwandeln	**ST-Strategien** • Prüfung der Stärken auf die Möglichkeit der Kompensierung von Risiken
Weaknesses *(Schwächen)* 1. Schwaches Marketing 2. Hohe Entwicklungskosten	**WO-Strategien** • Chancen, die aufgrund von Schwächen verpasst bzw. nicht genutzt werden	**WT-Strategien** • Risiken meiden, die aufgrund von Schwächen bestehen

3. Ziele

Die Marketingziele der „Zwei-Farben-Innovation" **essie® business summer** wie Umsatz, Marktanteil, Marktposition, Bekanntheit und Image werden nicht nur allgemein gehalten, sondern auch messbar gestaltet.

---

[12] Vgl. Bachringer, 2013, S. 35

Umsatz

Im Sommer 2014 (von Mai bis August) soll **essie® business summer** zunächst als limited edition verfügbar sein und dem Unternehmen während der Zeit des Angebots eine Umsatzsteigerung von 3% bringen.

Marktanteile

Bis zum 31. August 2014 sollen die Marktanteile um mindestens 1,5 Prozent gesteigert werden. Derzeit hat L'Oréal in Österreich einen Marktanteil von 15-17 %.[13]

Bekanntheit

50 Prozent der deutschen Frauen innerhalb der definierten Zielgruppe sollen bis vier Wochen nach Ende der Verkaufsphase, sprich bis 30. September 2014, mit **essie® business summer** in Berührung gekommen sein (d.h. Werbung/Anzeige/Produkt im Laden gesehen haben, von Bekannten gehört etc.).

Image

Mindestens 50 Prozent der Zielpersonen, welche den innovativen Nagellack von essie®, der durch einen Spray die Farbe wechseln kann, gesehen bzw. getestet haben, sollen davon überzeugt sein – somit Steigerung des Image von um 35 Prozent bis 31. Dezember 2014.

4. Strategie

„Strategisches Marketing umfasst die langfristige Planung der Marketingaktivitäten, um die Marketingziele und den grundlegenden Handlungsrahmen festzulegen[14]."

Marktforschung, Segmentierung und Positionierung bilden die Kernelemente des strategischen Marketings.

---

[13] http://issuu.com/wirtschaftsverlag/docs/hz_0114_001-044_web/16
[14] Gruber, 2013, S. 17

Marktforschung: Mit Hilfe der Marktforschung werden Potenziale und Handlungsmöglichkeiten aufgezeigt und erarbeitet. Die Wirkung und Akzeptanz der neuen Produktidee wird getestet, um so die passende Zielgruppe und die Produktmerkmale zu filtern. Bei einer zweimonatigen KundInnenumfrage in ausgewählten Drogeriemärkten und Beautysalons hat sich gezeigt, dass das ständige Umlackieren zu den aufreibendsten Faktoren im Bereich Nagelpflege zählt.

Segmentierung: essie® segmentiert seine KundInnen anhand von *„Zielgruppen-Marketing"*. Ein Unternehmen kann nur dann abgestimmt auf seine KundInnen eingehen, wenn es die Zielgruppen voneinander unterscheidet.

essie® business summer fokussiert sich auf trendbewusste und aufgeschlossene Frauen zwischen 18 und 35, die viel Wert auf ihr Aussehen legen. Business-Frauen die wenig Zeit zur Verfügung haben, aber dennoch nicht auf den perfekten Look in jeder Situation verzichten möchten sollen gleichermaßen angesprochen werden wie Innovatorinnen, die gerne neue Trends ausprobieren und auch setzen.

Primär sind die angesprochenen Kundinnen im Managementpositionen, leitenden Funktionen, sowie im Außendienst und im direkten B2B-Geschäft tätig, wo auf ein gepflegtes Erscheinungsbild sehr großer Wert gelegt wird. Auch in ihrer Freizeit sind die Personen aus der Zielgruppe gerne in exklusiven, gesellschaftlich angesehenen Lokalitäten und gehobenem Ambiente (vornehme Abendveranstaltungen, moderne Bars und Clubs) unterwegs.

In Österreich waren im Jahr 2013 insgesamt 1.282.900 Personen zwischen 20 und 34 Jahren erwerbstätig. [15] Ausgehend von einer Verhältnisaufteilung von 50% Frauen und 50% Männern, wovon ca. 20% in unsere Zielgruppe mit entsprechender beruflicher Tätigkeit fallen, würde die Zahl der potentiellen Kundinnen auf ca. 128.290 geschätzt werden.

Positionierung: Unter Positionierung versteht man das Schaffen von Bedeutungen für die KundInnen und das Verankern im Kopf der KonsumentInnen. Diese Verankerung soll durch einen einzigartigen Verkaufsvorteil, der Unique Selling Proposition *„USP"*, verstärkt werden.

---

[15] http://www.statistik.at/web_de/statistiken/arbeitsmarkt/erwerbstaetige/index.html

Die „Zwei-Farben-Innovation" **essie® business summer** kreiert mit seiner Produkterweiterung einen Doppelnutzen: wechselnde Farbpracht und Zeitersparnis. Mit diesem tatkräftigen Argument genießt essie® die Alleinstellung am Markt und hebt sich deutlich von der Konkurrenz ab. Durch diese Einzigartigkeit möchte das Unternehmen das Produkt auch als *Lifestyle* vermarkten und eine kreative Lösung für ein alltägliches Problem liefern.

5. Marketingmix

5.1 Produkt/Marke

Das Produkt **essie® business summer** enthält als Grundleistung einen Fächerpinsel für ein präzises Auftragen und ein Glasfläschchen inklusive 13,5[16] ml Nagellack. Als Zusatzleistung beinhaltet der Artikel einen zusätzlichen Spray, der es ermöglicht in kurzer Zeit die Farbe Weinrot in einen frischen Korall-Farbton zu verwandeln.

Der Nagellack **essie® business summer** bietet die altbewährte Formel mit Gel-Textur für perfekte Deckkraft und strahlenden Glanz und schenkt den Kundinnen zusätzlich Abwechslung innerhalb weniger Sekunden. Das Glasflacon und der Spray werden in einer rot-glänzenden Karton-Verpackung präsentiert, die die Aufschrift des Markennamens essie® und den Slogan „essie business summer – the fastest changing top coat" enthält.

Da es sich bei essie® um ein Unternehmen handelt, das bereits seit 1981 existiert[17], konnte sich die Firma in den letzten 25 Jahren durch die hohe Qualität ein sehr gutes Image aufbauen und verfügt über einen hohen Bekanntheitsgrad.

Daher wird das Produkt **essie® business summer** für vier Monate als limited edition in die bestehende Produktfamilie eingefügt, um damit dem neu eingeführten Artikel schnell zu einem guten Ansehen zu verhelfen.

5.2 Preis

Anfangs ist es wichtig zu überlegen, welcher Preis als Preisobergrenze und – untergrenze festgelegt werden soll. Die Preisobergrenze spiegelt den wahrgenommenen Produktwert der KundInnen wieder. Bei der Preisuntergrenze

---

[16] http://www.douglas.de/douglas/essie/index_b1239.html , Stand vom 12.04.2014, 08:30

[17] http://www.essie.de/essie/story , Stand vom 12.04.2014, 08:35 Uhr

werden die Kosten für Produktion, Distribution, etc. und ein entsprechender Gewinnzuschlag berücksichtigt[18]. Da sich essie® bereits im Hochpreissegment bewegt, wäre eine Niedrigpreisstrategie nicht die richtige Wahl. Deshalb entscheidet man sich bei dem Produkt **essie® business summer** für die Premiumpreisstrategie, bei der dauerhaft ein hoher Preis verlangt wird. Obwohl sich weniger KundInnen ein solches Produkt leisten können, wird dennoch ein hoher Stückgewinn erzielt. Man erhält dafür ein Produkt mit außerordentlich hoher Qualität und hohem Image, das sich im Preis wiederspiegelt[19]. Des Weiteren kann eine Konkurrenz ausgeschlossen werden, da nur essie® über die Zusammensetzung im Nagellack und den Spray verfügt, die es ermöglichen, die Farbe Weinrot in einen Korall-Farbton zu verwandeln.

5.2.1 Kalkulation

Berechnung Selbstkosten[20]

	Kostenart	Einheit	Wert
	Materialeinzelkosten		1,60
+	Materialgemeinkosten	20%	0,30
=	Materialkosten		1,90
+	Fertigungseinzelkosten		2,50
+	Fertigungsgemeinkosten	30%	0,60
=	Fertigungskosten		3,10
=	Herstellkosten		5,00
+	Verwaltungsgemeinkosten	20%	1,00
+	Vertriebsgemeinkosten	10%	0,50
=	Selbstkosten		6,50

Berechnung Listenpreis

	kalk. Selbstkosten		6,50
+	Gewinn in %	40%	2,55
=	Barverkaufspreis		9,05
+	Skonto in %	10%	0,90
=	Zielverkaufspreis		9,95
+	Rabatt in %	10%	1,00
=	Listenverkaufspreis		10,95

---

[18] Kotler, 2011, S 735

[19] Hofbauer, Hellwig, 2012, S 246

[20] http://www.welt-der-bwl.de/Kalkulationsschema, Stand vom 15.04.2014 um 10:00

Der Preis für **essie® business summer** wird mit € 10,95 festgesetzt. Im Vergleich zu den MitbewerberInnen wie z.B. Manhattan, Rimmel London, Maybelline Jade, etc. befindet sich essie® mit dem Preis von € 10,95 in demselben Preissegment.

Allerdings gibt es auch einige KonkurrentInnen u.a. essence, die im Niedrigpreissegment tätig sind und ihre Produkte für unter € 5 anbieten. Als Einführungsangebot erhält jede Kundin zusätzlich zu dem Produkt **essie® business summer** einen Nagelpflegestift gratis.

5.3 Kommunikation

Es soll eine Botschaft entwickelt werden, die sich aus der Markenidentität, der Unique Selling Proposition und der Strategie ableitet.

Zunächst ist es notwendig, bei den Neu- und StammkundInnen das Bewusstsein für das neue Produkt **essie® business summer** zu wecken[21]. Hierfür soll eine Ankündigungskampagne entwickelt werden, die das Gesicht einer weiblichen, prominenten Persönlichkeit trägt, die die Aufmerksamkeit auf das Unternehmen und den neuartigen Artikel lenkt.

Dadurch wird das Qualitätsbewusstsein und das gute Image von essie® in das Gedächtnis gerufen, die KundInnen beginnen positive Gefühle mit dem Produkt zu verbinden und bauen so ihre Präferenz für **essie® business summer** auf.

Um eine gewünschte Reaktion bei der Zielgruppe hervorzurufen, soll über emotionale Appelle versucht werden, angenehme Gefühle bei den KundInnen zu hinterlassen um schließlich eine Kaufmotivation entstehen zu lassen[22].

Die positiven Argumente des Produkts - die Gel-Textur für unglaubliche Deckkraft und strahlenden Glanz, sowie der Farbwechsel des Nagellacks innerhalb weniger Sekunden, den nur essie® bietet – sollen durch die Botschaft besonders hervorgehoben werden. Damit wird die hohe Qualität, für die das Unternehmen steht, in das Bewusstsein gerufen.

Bei der Auswahl der Medien soll einerseits der **persönliche Kommunikationskanal** genutzt werden, mittels dem StammkundInnen, über deren E-Mail Adressen essie® verfügt, persönlich angesprochen werden und Informationen zu dem neuen Produkt erhalten. Dadurch wird versucht, die **Mund-zu-Mund-Propaganda** zu beeinflussen

---

[21] Kotler, 2011, S 806
22 Kotler, 2011, S 808

und damit zufriedene StammkundInnen dazu zu bewegen, sich über den neue Artikel mit Freunden und Bekannten zu unterhalten[23]. Aber auch die Kommunikation durch die Medien wird genutzt. **Massenmedien** wie Magazine für Frauen, Werbeanzeigen im Internet, u.a. auf der eigenen Homepage, und eine eigene „Fansite" auf Social Media Seiten wie Facebook sollen für die Präsentation dienen. Die Werbebotschaft muss glaubwürdig und überzeugend wirken. Dies wird durch die weibliche Prominente, die als Werbegesicht eingesetzt wird und damit die positiven Vorzüge des Produkts bestätigt, ermöglicht.

Die Marketingmaßnahmen sollen als **eine stimmige Kampagne** umgesetzt werden, um durch die Kommunikation das Image und das Bewusstsein für das neue Produkt **essie® business summer** nachhaltig zu verankern und damit die Bekanntheit zu steigern.

Wichtig ist es, auf die Bedürfnisse der KonsumentInnen einzugehen, sodass es zu keinen negativen Gefühlen bei den KäuferInnen kommen kann und die Interessierten den Kaufvorgang abbrechen. Nach dem Erwerb will man die KundInnen in ihrer Entscheidung bestätigen, um sie zu Wiederholungskäufen anzuregen und die KundInnenbindung langfristig zu sichern. Dafür soll ein **Online KundInnenservice** eingerichtet werden, der Schminktipps, eine E-Mail Adresse und eine Service-Hotline für Anregungen und Beschwerden enthält[24].

5.4 Distribution

Um eine durchgehende und gut funktionierende Verbindung zwischen den ProduzentInnen und den NutzerInnen herzustellen, haben wir uns bei essie® für den indirekten Vertrieb über die Distributionskanäle Groß- und Einzelhandel entschieden.

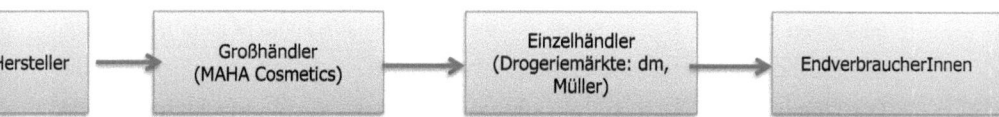

Bereits seit März 2010 ist MAHA Cosmetics als exklusiver Großhandelspartner für L'ORÉAL und damit auch für essie® zuständig und versorgt Nagel- und

---

[23] Kotler, 2011, S 813

24 http://www.kube.co.at/kundenschnittstellen/kundenkontaktpunkte/, Stand vom 12.04.2014, um 09:00 Uhr

Kosmetikstudios für die professionelle Anwendung mit den Produkten des Unternehmens[25].

Aber essie® ist auch im Einzelhandel in Drogeriemärkten wie dm, Bipa, Müller, Rossmann u.v.m. für die Anwendung zuhause erhältlich.

6. Durchführung

6.1 Zeitplan

Zeitplan Produkteinführung "essie business summer"

Tätigkeiten / Woche	November 2013 44 45 46 47 48	Dezember 2013 49 50 51 52	Jänner 2014 1 2 3 4	Februar 2014 5 6 7 8 9	März 2014 10 11 12 13	April 2014 14 15 16 17	Mai 2014 18 19 20 2
Produktentwicklung							
Produktfindung							
Ermittlung des Marktpotenzials							
Markterprobung							
Budgetplanung							
Forschung & Entwicklung							
Segmentierung, Positionierung, Differenzierung							
Designentwicklung (Flacon, Verpackung...)							
Kundentests							
Selektion von Vertriebskanälen + Übergabe							
Kommunikation							
Markteinführung							
Markteinführung							
Service/After Sale							

6.2 Aufgabenverteilung

Die Aufgabe der Ermittlung des Marktpotenzials wird an ein Marktforschungsinstitut übergeben, das die Durchführung, Analyse und Auswertung übernimmt. Ebenso sollen die KundInnentests von einem externen Unternehmen ausgeführt werden.

Die Aufgaben wie Forschung und Entwicklung, Budgetplanung, Marketing, etc. verbleiben jedoch im Betrieb selbst, um die Servicequalität aufrecht zu erhalten. Auch die Selektion der Vertriebskanäle wird von essie® durchgeführt. Allerdings wird die Durchführung des Vertriebs an unseren exklusiven Großhandelspartner MAHA Cosmetics und die EinzelhandelspartnerInnen wie dm, Müller, etc. übergeben.

---

[25] http://essie.maha-cosmetics.com/, Stand vom 12.04.2014 um 08:45

6.3 Budgetplanung

Budget 2014 – essie® business summer

Erlöse	6.500.000
SUMME ERLÖSE	**6.500.000**
Personalkosten	2.250.000
Materialkosten	250.000
Fertigungskosten	500.000
Verwaltungskosten	250.000
Forschung	1.500.000
Vertrieb	250.000
Werbung	500.000
GESAMTKOSTEN	**5.500.000**
ERGEBNIS	**1.000.000**

Literaturverzeichnis

Bachringer N., (2013): Unternehmenssteuerung & Controlling I, aktuelle Auflage, FFH Gesellschaft zur Erhaltung und Durchführung von Fachhochschulstudiengänge m.b.H.

Gruber, M. (2013): Erfolgreiches Marketing unter Wettbewerbsbedingungen, aktuelle Auflage, FFH Gesellschaft zur Erhaltung und Durchführung von Fachhochschulstudiengänge m.b.H.

Hofbauer, G./ Hellwig, C. (2012): Professionelles Vertriebsmanagement: Der prozessorientierte Ansatz aus Anbieter- und Beschaffersicht, 3. Auflage, Publicis Publishing

Kotler, Ph./Armstrong, G./Wong, V./Saunders, J. (2011): Grundlagen des Marketings, aktuelle Auflage, Pearson Deutschland GmbH

Internetquellen:

http://www.douglas.de/douglas/essie/index_b1239.html , Stand vom 23.03.2014 20:20 Uhr

http://www.essie.de/essie/story , Stand vom 23.03.2014, 19:25 Uhr

http://essie.maha-cosmetics.com/, Stand vom 12.04.2014 um 08:45

http://www.freshnails.de/essie/ , Stand vom 23.03.2014, 19:47

http://www.friseur.com/essie-fuer-die-professionelle-anwendung.html , Stand vom 24.03.2014, 17:16 Uhr

http://issuu.com/wirtschaftsverlag/docs/hz_0114_001-044_web/16 , Stand vom 29.04.2014, 17:12 Uhr

http://www.kube.co.at/kundenschnittstellen/kundenkontaktpunkte/, Stand vom 12.04.2014, um 09:00 Uhr

http://www.loreal.com/brands/consumer-products-division/essie.aspx , Stand vom 23.03.2014, 09:47 Uhr

http://www.loreal.com/press-releases/loreal-usa-signs-agreement-to-acquire-essie-cosmetics.aspx, Stand vom 23.03.2014, 19:36

http://www.loreal.de/_de/_de/html/unser-unternehmen/unsere-lieferanten.aspx, Stand vom 24.03.2014, 17:38 Uhr

http://www.statistik.at/web_de/statistiken/arbeitsmarkt/erwerbstaetige/index.html , Stand vom 29.04.2014, 17:52 Uhr

http://www.welt-der-bwl.de/Kalkulationsschema, , Stand vom 15.04.2014 um 10:00

Abbildungsverzeichnis

essie®-Logo im Design: http://3.bp.blogspot.com/-k5ztNK8TwcY/T7D9CyXRinI/AAAAAAAAA6E/67483hjBDFc/s320/1.jpg

Abbildung 1: http://www.essie.de/images/common/products/essie-nagellack-a-list.png

Abbildung 2: http://www.essie.de/images/common/products/essie-nagellack-braziliant.png

Abbildung 3: http://fashionpluslifestyle.files.wordpress.com/2013/02/essie-logo-1y-1high.jpg

Abbildung 4: http://www.konsumgoettinnen.de/sites/default/files/Manhattan-Logo-schwarz.jpg

Abbildung 5: http://www.logowik.com/uploads/images/538_artdeco_beauty.jpg

Abbildung 6: http://www.oekabeauty.de/uploads/tx_pvshowroom/Logo_100x100_Maybelline.jpg

Abbildung 7: http://amomsimpression.com/wp-content/uploads/2013/06/RimmelLogoWhite-1024x723.jpeg

Abbildung 8: http://4.bp.blogspot.com/-Rx-clW6JKR4/Tu3oBtiOVXI/AAAAAAAAAyE/RRvN1FSoQys/s1600/logo-maxfactor.jpg

Abbildung 9: http://www.evroskip.bg/data/uploads/gallery/loga/astor-logo.gif

Abbildung 10: http://www.mariaduran.com.ar/wp-content/uploads/2013/07/loreal_logo.png

Abbildung 11: http://www.zeilgalerie.de/uploads/pics/essence_logo_02.png

Abbildung 12: http://www.dm.de/linkableblob/de_homepage/13404/data/p2-data.png?v=1302948677000

Abbildung 13: http://www.rivaldeloop.de/rdl-logo.png

Abbildung 14: http://www.maha-cosmetics.com/out/pictures/1/es4908_p1.jpg

Die Abbildungen wurden aus dem Fließtext aus urheberrechtlichen Gründen von der Redaktion entfernt

BEI GRIN MACHT SICH IHR WISSEN BEZAHLT

- Wir veröffentlichen Ihre Hausarbeit, Bachelor- und Masterarbeit

- Ihr eigenes eBook und Buch - weltweit in allen wichtigen Shops

- Verdienen Sie an jedem Verkauf

Jetzt bei www.GRIN.com hochladen und kostenlos publizieren